당 신 이
보지 못한
희귀 사진

|3|

망국과
광복

Destruction and Liberation

亡国と光復

亡國與光復

목차

Contents

目次

目錄

서문

쉬충마오

19세기 중반, 동아시아에서는 중요한 변화들이 일어났다. 두 세기 전 포르투갈, 에스파냐, 네덜란드 등 서양의 해상강국들은 서서히 동남아시아의 넓은 지역을 점령하고 식민지로 만들어 갔다. 이제 더욱 막강한 군사력을 갖춘 영국, 프랑스, 그리고 차후의 미국은 동북아시아를 주목했다. 한국, 중국, 일본 모두 실질적인 도전에 직면했고, 재빨리 근대화의 시류를 따라잡기 위해 전통적인 체제의 굴레에서 벗어나야 했다.

일본의 메이지유신은 가장 성공적이었다. 서양을 철저하게 모방한 일본은 정치, 군사, 경제, 사회, 교육의 문화 체제를 신속하게 개조했고, 대외적인 군사력 확장과 식민지 건설에 관한 서구 식민지 열강의 정책들을 배움으로써 급속한 발전을 이루어 냈다. 그 지정학적 중요성으로 인해, 한반도는 주요 열강의 이목을 끌게 되었고, 일본의 대륙정책의 첫 무대가 되었다.

1895년 청일전쟁에서 승리한 일본은 중국을 물리치고 러시아와 함께 한반도를 남북으로 나누었다. 1904년부터 1905년까지의 러일전쟁에서 러시아를 격퇴한 일본은 한반도에 대한 군사적 통제권을 획득했다. 일본은 조선의 왕실과 관료들을 압박하고 민중을 잔혹하게 탄압함으로써 조선의 주권을 단계적으로 침식해 갔다. 조선 전역에서는 격렬한 저항이 일어났지만, 끝내 일본의 압도적인 군사력을 당해내지 못하고 안타깝게도 일본에 합병되고 말았다. 1910년 한일합병조약(경술국치)을 내세워, 일본의 제국주의 정부는 한국을 강제로 합병했다. 역사 속에서 일본은 한국을 몇 차례 침공했었지만, 이번만큼은 완전히 점령했다.

한국을 점령한 뒤, 일본은 식민지 개혁을 시작했다. 철도, 도로, 산업 등의 식민지 계획에 착수했을 뿐더러, 한국인들을 일본제국의 영원한 신민으로 개조하려는 목표까지 세운 것이다. 한국의 전통적인 궁궐을 파괴하고 일본 신사를 세움으로써, 그들은 한국인들에게 종교적 신념을 바꾸도록 강요하고, 한국어 교육을 금지하고, 천황에 대한 충성심을 주입하고, 자신들이 어디서 왔는지 잊게 만들려 했다. 강제적인 동화정책을 추진하고 한국인들을 노예화함으로써, 일본 제국은 한국을 영원히 지배하려 했다.

하지만 고유의 찬란한 역사와 문화를 지닌 한국은 줄곧 독립된 주권 국가였다. 그 국민은 굴종하지 않았고, 견뎌냈으며, 회복력을 유지했다. 외세의 침공에 맞서는 과정에서, 그들은 주권을 지키기 위해 용감하게 희생함으로써 역사에 영광스러운 새로운 장들을 써 내려 갔다.

1919년 3월 1일, 제1차 세계대전 이후 민족자결주의의 영향과 고종 황제의 서거에 따른 충격으로, 한반도에서는 광범위한 항일운동이 일어났고 일본 정부는 유혈진압으로 대응했다.

중국으로 망명한 한국 독립운동가들이 상하이에 대한민국 임시정부를 세우고 독립운동을 주도했다. 일본의 침략이 중국으로 확대되고 중국의 저항이 강렬해지면서, 한국의 무장 항일투쟁은 전체주의에 맞서는 아시아 전선의 일부가 되었다. 과거에 한국은 항상 독립 상태였다는 이유에서, "독립"이란 용어는 "해방"으로 조정되었다. 1945년 일본 제국이 무너짐으로써, 36년에 걸친 끈질긴 투쟁 끝에, 한국인들은 마침내 광복을 맞았다.

이 책에는 역사적 가치를 지닌 사진들이 많이 수록되어 있다. 초기 한국의 역사적 사진들은 주로 일본인 사진작가들이 찍은 것으로, 그 중 일부는 일본에서 책이나 잡지로 출간됨으로써 중요한 시각적 사료로 남았다. 마지막 장에 실린 대한민국임시정부 사진들은 중국 국민당에서 보관해 온 것들로, 대부분이 최초로 대중에게 공개되는 귀중한 문화유산이다. 이 역사적 복잡성 때문에, 모든 세부 사항을 드러내기는 대단히 어렵다. 따라서 우리는 주요한 역사적 장면들, 즉 망국 당시 한국의 굴욕, 광복에서의 희생과 영광, 그리고 그 시대를 수놓은 감동적이고 절절한 꿈들을 나타내는 데 초점을 맞췄다. 그 모든 것이 함께 어우러짐으로써 한국사의 감동적인 교향곡이 완성되었기 때문이다.

INTRODUCTION

HSU CHUNG MAO

In the mid-19th century, significant changes occurred in East Asia. Two centuries earlier, Western maritime powers such as Portugal, Spain, and the Netherlands had gradually occupied large swathes of Southeast Asian colonies. Now, with even stronger military might, Britain, France, and subsequently the United States, turned their attention to Northeast Asia. China, Korea, and Japan all faced existential challenges and had to shed the burdens of traditional systems to quickly keep up with modernization.

Japan's Meiji Restoration was the most successful. It comprehensively emulated the West, swiftly reforming its political, military, economic, social, and educational cultural systems, making rapid progress while learning from the Western colonial powers' policies of overseas military expansion and colonization. Due to its geographic significance, the Korean Peninsula became a focal point for major powers, and it became the first stop for Japan's continental policy.

In the First Sino-Japanese War of 1895, Japan defeated China and, along with Russia, partitioned the Korean Peninsula into north and south. In the Russo-Japanese War of 1904-1905, Japan defeated Russia, gaining military control over the Korean Peninsula. Japan coerced the Korean royal family and officials, and brutally oppressed the Korean people, gradually eradicating Korea's sovereignty. Despite fierce resistance activities throughout Korea, it ultimately could not withstand Japan's formidable military power, and was sadly annexed by Japan. In 1910, under the pretext of the Japan–Korea Annexation Treaty, the Japanese Imperial Government forcibly annexed Korea. Throughout history, Japan had invaded Korea several times, but this time, it fully occupied Korea.

After Japan occupied Korea, it began colonial reforms, not only undertaking colonial projects in railways, highways, and industries but also aiming to transform the Korean people into permanent subjects of the Japanese Empire, mainly by destroying Korea's traditional palace architecture, constructing Japanese shrines, forcing Koreans to change religious beliefs, eradicating Korean language education, indoctrinating Koreans with loyalty to the Emperor of Japan, and making them forget where they came from. Through forced assimilation policies and treating Koreans as slaves, the Japanese Empire aimed to control Korea forever.

However, Korea had always been an independent sovereign nation, with its own splendid history and culture. Its people remained unbowed, enduring and resilient. In resisting foreign invasions, they bravely sacrificed to protect their sovereignty, writing glorious new chapters in their history.

On 1 March 1919, influenced by the post-World War I wave of national self-determination and shocked by the passing of Emperor Gojong, the Korean Peninsula erupted in a comprehensive anti-Japanese movement, to which the Japanese authorities responded with bloody repression.

Korean independence fighters who were exiled to China established the Provisional Government of the Republic of Korea in Shanghai, to drive the independence movement. As Japan ramped up its invasion of China and China's resistance grew stronger, Korea's armed resistance against Japan became part of Asia's war against fascism. Since Korea had always been independent, the term "independence" was adjusted to "liberation". In 1945, following the collapse of the Japanese Empire, the Korean people, after 36 years of arduous struggle, finally had their nation restored.

This book features many valuable historical photographs. The earliest Korean historical photographs were mainly taken by Japanese photographers, some of which were published in Japanese books and magazines, becoming important historical visual documents. The photos of the Provisional Government of the Republic of Korea in the final chapter are from the archives of the Chinese Nationalist Party (Kuomintang), most of which are valuable cultural assets on public display for the first time. Due to the complexity of this history, it is challenging to present all details, so we focus on depicting the main historical contexts, particularly the humiliation and pain of Korea's national demise, the sacrifices and honors of its restoration, and the stirring and poignant dreams woven in that era, coming together collectively in a stirring symphony of Korean history.

はじめに

徐宗懋

十九世紀中葉以降、東アジア情勢は大きく変貌した。二世紀前に西洋の海洋強権国家だったポルトガルとスペイン、そしてオランダが東南アジアに広大な植民地を擁していた。その後、軍事力に勝る英国とフランス、さらには米国が東北アジアを目指すようになった。中国と韓国、そして日本はそれぞれ存亡の危機を迎え、伝統的な制度を変革し、近代化の足取りを加速させる必要に迫られた。

そのうち、日本は明治維新を経て西洋を全面的に模倣することで、政治、軍事、経済、社会、そして教育文化の体制を改革することに成功した。これは一方で進歩の速度を高めたが、もう一歩で西洋列強の対外軍事拡張路線と植民政策も模倣することに繋がった。そしてその地理的特性から、朝鮮半島は大国の勢力が交わる場所となり、日本の大陸政策の最初の足掛かりとなった。1895年、日清戦争を通じて日本は中国に勝利をおさめ、、ロシアと朝鮮半島を南北で分け合うこととなった。そして1904年から1905年の日露戦争に日本が勝利したことで、軍事力で朝鮮半島をコントロールするようになった。朝鮮の皇室と役人を強迫と利益供与で屈服させ、朝鮮人民に対しては無情な圧迫を加えることで、段階的に朝鮮の国体を解体した。朝鮮の各界では激しい反抗活動が見られたものの、最終的には日本の強大な軍事力を前に抗うことはできず、朝鮮は悲惨な亡国の運命に向き合うこととなった。1910年、大日本帝国政府は「日韓合併条約」を通じて朝鮮の併呑を強行した。歴史上、日本は幾度も韓国への侵略を試みたが、今回は韓国を完全に占領した。

日本は韓国を占領した後、韓国に対する植民政策を実施に移した。それは鉄道や道路、生産事業の植民業務に止まらず、朝鮮民族を日本帝国に永遠に従属する人民に変えようとするものでもあった。そこには、韓国伝統の宮殿建築を破壊し、日本の神社を建立することで、朝鮮人民の宗教信仰の変更を迫ることも含まれた。朝鮮語教育の軽視は、朝鮮人民に大日本帝国の天皇に忠義を誓う思想を注入し、自分が何者であるかを徹底的に忘れさせることを目的とするものでもあった。同化政策を強制し、同時に韓国人を任意に使役できるようにすることで、日本帝国は韓国を永続的に統治することを目指した。しかし、韓国は古より独立した主権を擁する国家であり、輝かしい歴史と文化を誇る。人民は不屈の忍耐で外敵の侵入に抵抗し、英雄的な犠牲を通じて国体を守ってきた。1919年3月1日、第一次世界大戦終了後の民族自決の思想の影響の高まりに加え、李王高宗逝去の衝撃から朝鮮半島で全面的な抗日運動が発生した。日本当局は残酷な弾圧で抵抗運動を鎮圧したが、事件後に中国に逃れた朝鮮抗日義士らは上海で大韓民国臨時政府を設立し、独立運動を推進するようになった。日本が中国侵略の足取りが加速し、対する中国の反撃の力も拡大するに従い、韓国の武装抗日闘争はアジアにおける反ファシスト戦争の一環を形成するようになった。韓国がもともと独立と自主の国であったことから、「独立」は「光復」と称されるようになった。1945年、大日本帝国は敗戦し、36年に及んだ韓国人民の闘争は「光復」という形で実を結んだ。

本写真集では、貴重な歴史的写真を大量に使用している。最も早い時期における韓国の歴史写真は主に日本人によって撮影されたもので、日本の刊行物などに掲載されたものも含め、いずれも重要な史料である。最後の一章を飾る大韓民国臨時政府の写真は、中国国民党が所蔵している写真で、その大部分は今回初公開される極めて貴重な文化資産である。この時期の歴史は多岐にわたっていることから、その全容を再現することには困難が伴う。そこで、私たちは主要な歴史的な出来事に重点を絞り紹介する。なかでも、韓国民が亡国で味わった屈辱と傷、国家回復における犠牲と栄誉、そして感動的な時代の夢の物語は、壮大な韓国の交響詩を織りなすものである。

前言

徐宗懋

十九世紀中葉後，東亞局勢發生巨變，兩個世紀前西方海洋強權葡萄牙、西班牙和荷蘭，已經逐步佔領東南亞大片殖民地。現在軍事力量更強大的英國、法國以及隨後而來的美國，更將矛頭指向東北亞。中國、韓國和日本均面臨存亡的挑戰，必須改變傳統制度的包袱，快速跟上近代化的腳步。

其中，日本明治維新最為成功，全面模仿西方，迅速革新本身的政治、軍事、經濟、社會，以及教育文化的體制，一方面快速進步，另一方面也學習西洋列強對海外軍事擴張和殖民的政策。由於地理位置的特性，朝鮮半島成了大國勢力交峰之處，也成了日本大陸政策的第一站。1895年甲午戰爭，日本擊敗中國，與俄羅斯分據朝鮮半島南北。1904-1905年日俄戰爭，日本擊敗俄國，以軍事力量控制朝鮮半島，對朝鮮皇室和官員威逼利誘，對朝鮮人民無情打壓，逐步消除朝鮮的國體，儘管朝鮮上下均出現激烈的反抗活動，但最終無力對抗日本強大的軍事力量，朝鮮面對了悲慘的亡國命運。1910年，日本帝國政府假藉「日韓合併條約」，強行併吞了朝鮮。歷史上，日本曾經幾次侵略韓國，這次則完全佔領了韓國。

日本佔領韓國後，開始對韓國進行殖民改造，不僅進行鐵路、公路和生產事業的殖民工作，更在於將朝鮮民族變成日本帝國永遠的臣屬人民，主要工作包含摧毀韓國的傳統宮殿建築，興建日本神社，強迫朝鮮人民改變宗教信仰，摧毀朝鮮語文教育，灌輸朝鮮人民忠於大日本天皇的思想，徹底忘記自己從哪裡來。透過強制的同化政策，同時又將韓國人當成可以任意奴役的下人，日本帝國就可以永遠控制韓國。然而，韓國自古就就是主權獨立的國家，擁有本身燦爛的歷史文化，人民不屈不饒，堅忍不拔，在抗拒外敵入侵的戰鬥上，英勇犧牲，保護國體，不斷地寫下輝煌的歷史新章。1919年3月1日，受到一戰結束後民族自決思潮的影響，以及李王高宗過世衝擊，朝鮮半島爆發了全面性的抗日運動，日本當局施以血腥殘暴的鎮壓，事件後流亡到中國的朝鮮抗日義士在上海成立了大韓民國臨時政府，推動獨立運動。隨著日本加快侵華的腳步，以及中國反擊力量的壯大，韓國武裝抗日奮鬥成為亞洲反法西斯戰爭的一環。由於韓國本來就是獨立自主，因此「獨立」調整為「光復」的稱謂。1945年，日本帝國敗亡，經過了36年泣血戰鬥的韓國人民，終於實現了復國大業。

本書冊使用了大量的珍貴歷史照片，最早期的韓國歷史照片主要是日本人所拍攝的，包括部分曾經刊在日本的書刊上，屬於重要的歷史影像文獻。最後一章大韓民國臨時政府的照片，來自於中國國民黨的檔案照片，絕大部分都是第一次公開，屬於極珍貴的文化資財。由於這段歷史有許多細節，難以全部呈現，因此我們只是重點的表現出主要的歷史情境，尤其是韓國人民亡國的屈辱與傷痛，復國的犧牲與榮譽，編織的時代夢想，可歌可泣，動人心弦，這些畫面共同譜寫蕩氣迴腸的韓國歷史交響曲。

徐宗懋

세 명의 순국열사

Three Martyrs

三義士の殉国

三義士殉國

세 명의 항일의사(P. 16-17)

1904년, 항일운동을 벌이던 세 명의 의사 김성산, 이춘근, 안순서가 일본 헌병에 체포되어 처형장으로 끌려갔다. 눈이 가려진 채 공개 처형된 그들은 한국의 애국자들에게 순국의 상징이 되었다. 일본군의 사진병들이 처형의 모든 과정을 촬영했다. 이 책은 그 원본 사진들을 전부 공개함으로써 한국사의 영원한 기록으로 남을 것이다.

Three Patriots(P. 16-17)

In 1904, three Patriots engaged in anti-Japanese activities, Kim Seongsan, Lee Chun-gwon, and Ahn Sun-rui, were arrested by Japanese military police and taken to the execution ground. With their eyes covered, they were publicly executed, becoming symbols of martyrdom for Korean patriots. Japanese military photographers captured the entire event, and this booklet presents the complete original photographs for the first time, becoming an eternal record of Korean history.

三義士殉国の聖像(P. 16-17)

1904年、抗日活動に携わった義士金聖山、李春勤、そして安順瑞等は、日本当局に逮捕され、目隠しをされたうえで刑場に送られた。この公開処刑の映像は、国に殉じた義士の聖像である。日本軍の従軍記者がその全行程を映像記録として残していた。本写真集では原版写真を使用することで、韓国の歴史的な記録を初めて紹介する。

三義士殉國的聖像(P. 16-17)

1904年，三位從事抗日活動的義士金聖山、李春勤和安順瑞等，遭到日本軍警逮捕，並送往刑場，蒙上雙眼，公開行刑，成為韓國義士殉國的聖像。日軍隨軍記者拍下了完整的影像紀錄，本畫冊使用原版照片首次完整刊出，成為韓國歷史永恆的紀錄。

처형장으로 가는 길(P. 18-19)

일본군이 세 의사를 야외 처형장으로 끌고 가고 있다.

On the way to the execution ground(P. 18-19)

The Japanese military transported the three patriots to an outdoor execution ground.

刑場に赴く三義士(P. 18-19)

日本軍によって野外刑場の刑場に連行される三義士。

送往刑場(P. 18-19)

日軍將三義士送往野外刑場。

순국의 사도(P. 20-21)

눈이 가려지고 손발이 나무 십자가에 묶인 세 의사의 모습은 흡사 종교적 순교자 같다.

Martyred apostles(P. 20-21)

The three patriots, with their eyes covered and hands and feet bound to a cross-shaped wooden frame, resembled martyred apostles.

殉国の使徒(P. 20-21)

目隠しをされ、手足を十字架に縛られた三義士の様子は、さながら殉教の使徒のようだ。

殉國的使徒(P. 20-21)

三義士被蒙上眼睛，手腳綑在十字型的木架上，猶如殉教的使徒。

사형집행자(P. 22-23)

세 의사 앞에 일렬로 늘어선 일본군 사형집행자들이 처형 준비를 완료한 모습.

Executioners(P. 22-23)

A row of Japanese military executioners stood in front of the three patriots, ready to carry out the execution.

死刑執行人(P. 22-23)

日本軍の死刑執行人が三義士の前に立ち、執行を準備する。

劊子手(P. 22-23)

一排日軍劊子手站在三義士前，準備行刑。

조준(P. 24-25)

일본군 사형집행자들이 앉아 쏴 자세로 의사들을 조준하고 있다.

Taking aim(P. 24-25)

Japanese military executioners crouched down, taking aim at the patriots.

照準を義士に合わせる(P. 24-25)

日本軍の死刑執行人が銃を構え、義士らに向け発砲する。

瞄準義士(P. 24-25)

日軍劊子手蹲下，準備瞄準義士開槍。

조선의 망국

The fall of Joseon

朝鮮の亡国

朝鮮亡國

33

일본의 군사력을 과시하는 이토 히로부미(P. 30-31)

1905년 일본 군대의 사열을 마친 뒤 마차를 타고 떠나는 이토 히로부미. 그는 일본의 막강한 군사력을 과시했다.

Ito Hirobumi showing off his military power(P. 30-31)

In 1905, Ito Hirobumi completed the inspection of Japanese troops and departed in a carriage, showcasing the formidable military power of Japan.

武力をひけらかす伊藤博文(P. 30-31)

1905年、日本軍を閲兵を終え、馬車に乗って去る伊藤博文。日本軍の強大武力を朝鮮に見せつけた。

伊藤博文炫耀武力(P. 30-31)

1905年，日本駐朝鮮總督伊藤博文完成對日軍的檢閱，搭乘馬車離去，炫耀日軍強大的武力。

일본군 사열(P. 32-33)

서울 외곽에서 일본 군대가 사열하고 있다.

Inspection of Japanese troops(P. 32-33)

Japanese troops under inspection on the outskirts of Seoul.

日本軍を閲兵(P. 32-33)

日本の軍隊をソウル近郊で閲兵。

校閲日軍(P. 32-33)

日本軍隊在首爾近郊進行校閱。

서울의 일본 군대(P. 34-35)

서울 외곽의 일본 군대를 사열하는 일본군 15사단 사령관 히라사 료조 장군.

Japanese troops in Seoul(P. 34-35)

General Hirasa Ryozo, commander of the 15th Division of the Japanese army, inspected Japanese troops in the outskirts of Seoul.

ソウルの日本軍部隊(P. 34-35)

日本軍第15師団長・平佐良蔵がソウル近郊で日本軍部隊を閲兵。

首爾日軍部隊(P. 34-35)

日軍第15師團長平佐良藏，在首爾近郊檢驗日軍部隊。

이토 히로부미의 가족사진

Family photo of Ito Hirobumi
伊藤博文の家族写真
伊藤博文家庭照

이토 히로부미의 가족사진

왼쪽에 아내를 비롯하여 딸들과 사위들, 손자들이 있다.

Family photo of Ito Hirobumi

A family photo of Ito Hirobumi, with his wife on the left, along with his daughters, sons-in-law, and grandchildren.

伊藤博文の家族写真

伊藤博文の家族写真、左側は夫人。その他は娘とその婿、こよび孫。

伊藤博文家庭照

伊藤博文的家族照，左側為其夫人。其餘為女兒和女婿以及孫兒。

조선 왕실 자녀들을 훈련하는 일본

이토 히로부미의 측근들은 내원에서 조선 왕실의 어린 자녀들을 훈련시켰다.

Training of the next generation of Korean royalty

Ito Hirobumi's aides conducted training for the next generation of Korean royalty in the courtyard.

朝鮮王族の次世代に対する操練

朝鮮王族の次世代に操練を施す伊藤博文の侍衛官。

對朝鮮王族下一代的操練

伊藤博文的侍衛官在庭院為朝鮮王族的下一代進行操練。

순종의 순행길에 동행한 이토 히로부미(P. 42-43)

1909년, 이토 히로부미는 순종의 북쪽 순행길에 동행했다. 이 사진은 개성의 만월대에서 촬영된 것이다. 일본군 중장 오쿠보와 친일파 조선인 관료 이완용 등 문무 관원들이 동행했다.

Ito Hirobumi Accompanies King Sunjong on a Tour(P. 42-43)

In 1909, Ito Hirobumi accompanied King Sunjong on a Tour in the northern region. This photo was taken at Manwoldae in Kaesong. Both civil and military officials accompanied them, including Japanese Lieutenant General Okubo and pro-Japanese Korean official Lee Wan-yong.

純宗とともに巡幸する伊藤博文(P. 42-43)

1909年、大韓帝国国王純宗李坧とともに北部へ巡幸に赴く伊藤博文。この写真は松都満月台で撮影された。日本軍の大久保中将や韓国の親日派・李完用ら文官と武官が随行した。

伊藤博文陪純宗巡幸(P. 42-43)

1909年，伊藤博文陪同大韓帝國皇帝純宗李坧前往北部巡幸，此照片拍攝於松都満月台，文武官員隨行，包括日軍將領大久保中將、以及親日韓國官員李完用。

일본의 랴오둥 점령

청일전쟁 시기인 1895년 일본군은 랴오둥반도를 점령했다.

Japanese Occupation of Liaodong

In 1895, during the First Sino-Japanese War, Japanese forces occupied the Liaodong Peninsula.

遼東を攻撃・占領する日本軍

1895年、日清戦争、遼東半島を攻撃・占領する日本軍。

日軍攻佔遼東

1895年，甲午戰爭，攻佔遼東半島的日軍。

조선의 친일파 관료들

청일전쟁 시기인 1895년, 일본군은 랴오둥반도의 진저우를
점령했다. 조선의 친일파 대신들인 이승구, 신태림, 이봉호
등이 일본의 승리를 축하하러 왔다.

Pro-Japanese Korean officials

In 1895, during the First Sino-Japanese War, Japanese
forces occupied Jinzhou on the Liaodong Peninsula. Pro-
Japanese Korean ministers Lee Seung-kyu, Shin Tae-rin,
and Lee Bong-ho came to celebrate the Japanese victory.

祝賀に訪れた朝鮮の親日派役人

1895年、日清戦争で日本軍は遼東半島の金州を攻略。が
日本軍の勝利を祝賀するため訪れた軍務大臣李承九、申泰
林、李鳳鎬ら親日派の役人。

親日朝鮮官員前來祝賀

1895年，甲午戰爭，日軍攻佔遼東半島金州，朝鮮親日軍
務大臣李承九、申泰林、李鳳鎬等，特地前來慶祝日軍的勝
利。

고종 행차

덕수궁 대안문(대한문)을 나서는 고종의 행차.

Procession of King Gojong of Korea

King Gojong's procession exits Daeanmun of Deoksugung Palace.

李王高宗の儀仗隊

德寿宮大安門から歩み出る李王高宗の儀仗隊。

李王高宗儀隊

李王高宗儀隊步出德壽宮大安門。

전통 행차

고종의 전통 행차 의식.

Traditional procession

King Gojong's traditional ceremonial procession.

伝統的な儀仗陣

伝統的な儀仗陣を取る李王高宗の儀仗隊。

傳統陣仗

李王高宗儀隊使用傳統陣仗。

수표교

수표교를 건너는 고종의 행차.

Supyogyo Bridge

King Gojong's procession crosses Supyogyo Bridge.

水標橋

水標橋を渡る李王高宗の儀仗隊。

水標橋

李王高宗儀隊穿過水標橋。

대원군

흥선대원군은 고종 황제의 섭정이었던 이하응의 칭호였다. 그는 열강들 사이에서 조선의 주권을 유지하고자 노력했다.

Daewongun

HeungseonDaewongun was the title of Yi Ha-eung, the regent of Joseon during the minority of Emperor Gojong. He navigated among the powers and maintained Korea's sovereignty.

大院君

興宣大院君は列強勢力の間を縫い、朝鮮の国体維持を目指し

大院君

興宣大院君，周旋在列強勢力中，維護朝鮮的國體。

수신사 김홍집

Diplomat Kim Hong-jip

修信使金弘集

修信使金弘集

1 수신사 이용숙

Diplomat Lee Yong-suk

修信使李容肅

修信使李容肅

2 수신사 현제순

Diplomat Hyeon Jae-sun

修信使玄濟舜

修信使玄濟舜

3 수신사 김기수

Diplomat Kim Gi-su

修信使金綺秀

修信使金綺秀

4 수신사 고영희

Diplomat Ko Young-hee

修信使高永喜

修信使高永喜

친일파 대신 박제순

Pro-Japanese Minister
Pak Che-soon

親日派大臣朴齊純

親日大臣朴齊純

내각총리대신 윤용선

Prime minister Yoon Yong-sun

內閣總理大臣尹容善

內閣總理大臣尹容善

순종 황제

Emperor Sunjong

純宗李坧

純宗李坧

순정효황후(순종의 왕비) 윤씨(윤증순)

Queen Consort Empress Sunjeonghyo, wife of Emperor Sunjong

純貞孝皇后尹曾順

純貞孝皇后尹曾順

친일 대신들이 이토 히로부미에게 아첨을 하다(P. 58-59)

이토 히로부미가 붓으로 "지성이면 감천"이라는 휘호를 쓰자 친일 대신들도 붓을 들어 맞장구를 쳤다.

Pro-Japanese ministers align with Ito Hirobumi(P. 58-59)

Pro-Japanese ministers follow as Ito Hirobumi drafts a document. "至誠動天"(sincerity moves the world).

伊藤博文に近づく親日派大臣 (P. 58-59)

伊藤博文の揮毫「至誠動天」に落筆 して迎合する親日派大臣。

親日大臣攀附伊藤博文(P. 58-59)

伊藤博文揮毫提詞「至誠動天」, 親日大臣亦落筆迎合。

人能勝天

澹泊寧靜　李載崐

膽大心小　任善淮

折衷萬里　李東武

終始一誠　宋秉畷

古谷雅伯法正

58

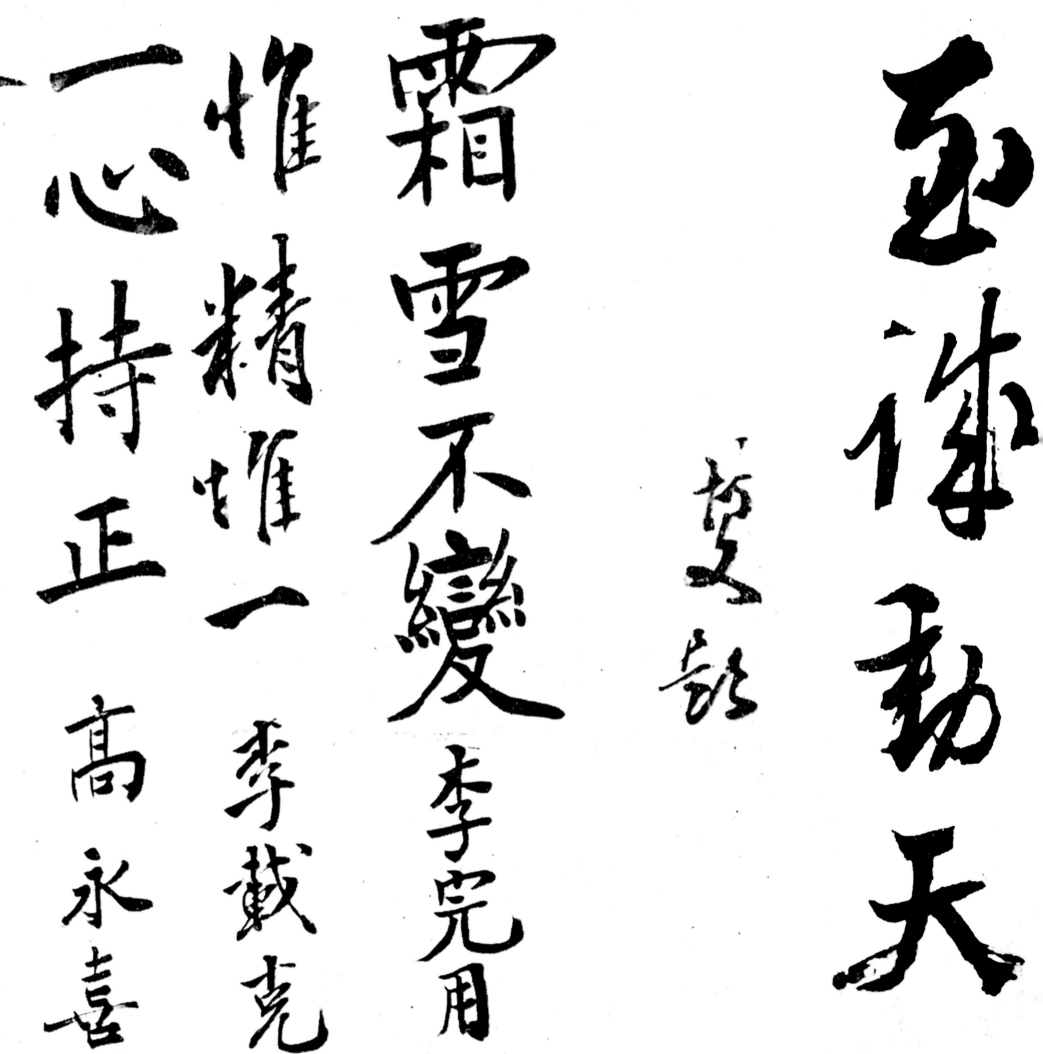

至誠動天

霜雪不變　李完用

惟精惟一　李戴克

一心持正　高永喜

현충사

이순신 장군의 위대한 승리를 기념하는 건물.

Hyeonchungsa

Memorial hall commemorating Admiral Yi Sun-sin's great victory.

顯忠祠

李舜臣の大捷勝利記念堂。

顯忠祠

李舜臣的大捷勝利紀念堂。

조선의 구식 군대

Traditional Korean military units

旧式な朝鮮の軍隊

朝鮮老式軍隊

대한제국의 경찰(P.62)

Police of the Korean Empire

大韓帝国の警察

大韓帝國警察

대한제국의 군인들

Soldiers of the Korean Empire

大韓帝国の士官

大韓帝國士兵

일본군의 승전 연회

일본군이 연회에서 스모 경기로 군사적 승리를 경축하고 있다.

Japanese military ceremony.
A Japanese military ceremony featuring sumo wrestling to celebrate military victories.

日本軍の祭典
相撲で勝利を祝う日本軍の祭典。

日軍祭典
日本軍舉行祭典，以相撲慶祝軍事勝利。

스모 경기(P. 66-67)

스모 경기를 하는 일본군.

Sumo wrestling competition(P. 66-67)

Japanese soldiers engage in a sumo wrestling competition

相撲(P. 66-67)

日本軍進の主催する相撲。

相撲競技(P. 66-67)

日本軍進行相撲競技活動。

조선의 무희들(P. 68-69)

일본군 연회에서 조선의 춤을 선보이는 무희들.

Korean traditional theater(P. 68-69)

Japanese troops hold a ceremony with Korean traditional theater performances.

朝鮮の踊り子(P. 68-69)

日本軍の祭典で朝鮮の舞踊を披露する踊り子。

朝鮮舞伎(P. 68-69)

日本軍隊舉行祭典，安排朝鮮舞伎表演。

일본군 병영(P. 70-71)

일본 점령군의 병영.

Japanese military barracks(P. 70-71)

Barracks of the Japanese occupying forces.

日本軍の兵舎(P. 70-71)

日本によって占領された軍の兵舎。

日軍兵舍(P. 70-71)

日本佔領軍兵舍。

정미칠적(1907년 한일신협약 체결에 찬성한 친일파 대신 7인) 조중응

Cho Jung-eung

丁未七賊趙重応

丁未七賊趙重應

정미칠적 송병준

Song Byeong-jun

丁未七賊宋秉畯

丁未七賊宋秉畯

정미칠적 임선준

Lim Sun-jun

丁未七賊任善準

丁未七賊任善準

정미칠적 이병무

Lee Byeong-mu

丁未七賊李秉武

丁未七賊李秉武

정미칠적 이재곤

Lee Jae-kon

丁未七賊李載崑

丁未七賊李載崑

정미칠적 이완용

Lee Wan-yong

丁未七賊李完用

丁未七賊李完用

정미칠적 고영희

Ko Young-hee

丁未七賊高永喜

丁未七賊高永喜

망국 전야(P. 78-79)

1906년 아사히신문사 기자단이 일본 점령하의 조선을 방문했다. 그들을 태운 배가 인천에 도착하자, 전통적인 춤과 노래가 그들을 반겼다. 그 당시까지, 조선의 서민 대부분은 조국이 풍전등화의 위기에 놓인 것을 충분히 인식하지 못하고 있었다.

Eve of the fall of the nation(P. 78-79)

In 1906, a group from Asahi Shimbun visited Korea under Japanese occupation. When their ship arrived in Incheon, traditional songs and dances were arranged to welcome them.
At this time, many ordinary Korean people were not yet fully aware of the impending fate of their nation.

亡国の前夜(P. 78-79)

1906年、日本の朝日新聞社は日本軍によって占領された朝鮮を参観した。船が仁川に到着した際、伝統の歌舞出迎えられた。この時、多くの朝鮮の庶民は、迫りくる亡国の時を明確に意識できずにいた。

亡國的前夕(P. 78-79)

1906年，日本「朝日新聞社」組團前往日軍佔領的朝鮮參觀，他們的船抵達仁川時，安排了傳統歌舞迎賓。此時不少底層朝鮮人民尚未清楚意識到即將來臨的亡國命運。

도쿄에 잠시 존재했던〈한일합방기념비〉(P. 80-81)

1934년, 일본의 우익단체 흑룡회의 창시자 도야마 미쓰루(앞줄, 오른쪽 세 번째)와 우치다 료헤이(앞줄, 오른쪽 다섯 번째)가 도쿄에 새로 세워진〈한일합방기념비〉앞에서 기념사진을 찍었다. 흑룡회는 일본이 주도하는 '대아시아주의'로 서구의 제국주의를 축출하는 것을 목표로 했다. 여러 나라의 혁명과 개혁을 지원한다는 구실을 내세워, 그들은 일본제국의 군사적 침략을 조장했다. 한국의 일진회와 긴밀한 관계를 맺음으로써, 그들은 일본제국이 한국을 합병하는 과정에서 중요한 추동자 역할을 했다.
일본제국이 한국을 합병하고 25년 뒤, 흑룡회는 도쿄의 메이지신사 근처에 "한일합방기념비"를 세웠다. 하지만 고작 12년이 지난 뒤, 일본제국은 패망하고 한국은 해방되었다.

The short-lived "Monument for the Commemoration of the Japan-Korean Union"「日韓合邦紀念碑」in Tokyo(P. 80-81)

In 1934, the founders of the Japanese right-wing organization Black Dragon Society, Mitsuru Toyama (front row, third from the right) and Ryohei Uchida (front row, fifth from the right), posed for a photograph at the newly erected "Japan-Korea Merger Monument" in Tokyo. The Black Dragon Society advocated for Pan-Asianism led by Japan and aimed to expel Western imperialism. Under the guise of supporting revolutions and reforms in various countries, they promoted the military aggression of the Japanese Empire. The Black Dragon Society had close ties with Korea's Iljinhoe, playing an important role in the process of Japan's annexation of Korea by the Japanese Empire.
Twenty-five years after the annexation of Korea by the Japanese Empire, the Black Dragon Society erected the "Japan-Korea Merger Monument" near the Meiji Shrine in Tokyo. However, just 12 years later, the Japanese Empire was defeated, and Korea was liberated.

短命に終わった東京の「日韓合邦記念碑」(P. 80-81)

1934 年、日本の右翼団体・黒龍会の創始者、頭山満（前列右三）と內田良平（前列右五）が東京での「日韓合邦記念碑」設置で記念撮影合影。黒龍会は日本が大アジア主義を主導し、西洋帝国主義を駆逐すると主張した。そして、各国の革命と名称変更を支持すると称し、大日本帝国の軍事的な侵略を後押しした。黒龍会は韓国の一進会と密接な関係にあり、大日本帝國が韓国を併合するプロセスで重要な役割を果たした。
黒龍会は、大日本帝國が韓国を併吞した25年後、東京の明治神宮の傍らに「日韓合邦記念碑」を建てた。しかしその12年後に日本の敗戦で帝国は解体され、韓国の光復が実現した。

東京短命的「日韓合邦紀念碑」(P. 80-81)

1934年，日本右翼組織黑龍會創辦人頭山滿（前排右三）和內田良平（前排右五），在東京新落成的「日韓合邦紀念碑合影。黑龍會主張日本主導的大亞洲主義，驅逐西方帝國主義。以支持各國革命和改革的名義，推動日本帝國的軍事侵略。黑龍會與韓國一進會關係密切，在日本帝國併吞韓國的過程中，扮演重要的推動角色。
黑龍會在日本帝國併吞韓國的25年後，在東京明治神宮旁興建「日韓合邦紀念碑」，不過短短12年後，日本帝國敗亡，韓國實現了光復。

항일 애국운동

Patriotic resistance activities

抗日愛國活動

抗日愛國活動

이토 히로부미 저격 전야(P. 84-85)

1909년 10월 26일, 전 조선 통감 이토 히로부미가 하얼빈역에 도착했다.
그 직후, 조선의 안중근 의사가 그를 저격했다.

Eve of the shot of Ito Hirobumi(P. 84-85)

On 26 October 1909, Japanese Resident-General of Korea Ito Hirobumi
arrived at Harbin Station by train, moments before being shotted by
Korean patriot An Jung-geun.

狙撃前夜の伊藤博文(P. 84-85)

1909年 10月 26日、汽車でハルビン駅に到着した朝鮮統監伊藤博文。
朝鮮の義士・安重根に狙撃される直前の写真。

伊藤博文招狙撃的前夕(P. 84-85)

1909年 10月 26日，朝鮮統監伊藤博文搭乘火車抵達哈爾濱車站，
遭到朝鮮義士安重根狙撃的前一刻。

두려움 없이 최후를 맞은 안중근 의사

An Jung-geun

処刑前の安重根義士

從容就義的安重根義士

안중근이 사용한 권총

일본 경찰의 발표에 따르면, 안중근은 이 권총을 사용했다.

Pistol used by An Jung-geun

The pistol used by An Jung-geun, as announced by the Japanese police.

安重根の使用した拳銃

日本の警察によって公開された安重根の使用した拳銃。

安重根使用的手槍

日本警方公布的安重根義士所使用的手槍。

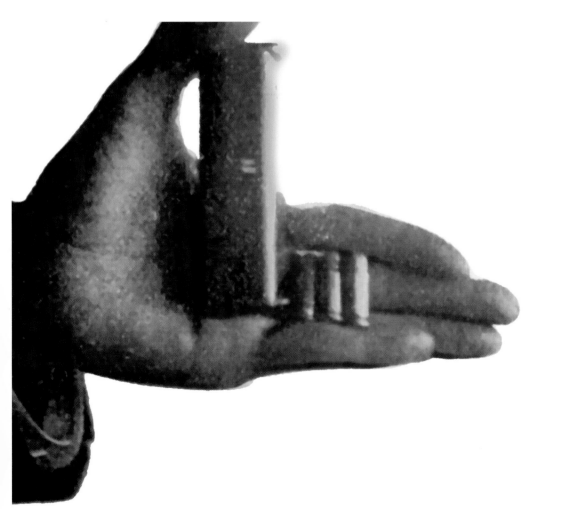

안중근이 사용한 탄창과 총알

일본 경찰의 발표에 따르면, 안중근은 이 탄창과 총알을 사용했다.

An Jung-geun's magazine and bullets

The magazine and bullets used by An Jung-geun, as announced by the Japanese police.

安重根の弾倉と銃弾

日本の警察によって公開された安重根の使用した弾倉と銃弾。

安重根的彈匣和子彈

日本警方公布的安重根義士所使用的手槍彈匣和子彈。

서울에 주둔한 일본군의 경계 강화

1907년 이토 히로부미가 조선을 일본의 보호국으로 만들고 조선군을 강제 해산시키자 전국에서 격렬한 저항이 일어나고 긴장된 분위기가 고조되었다. 이 사진은 일본 군대의 삼엄한 경계 속에 이동하는 이토 히로부미의 모습을 담고 있다.

Heightened alert of Japanese troops in Seoul

In 1907, due to Ito Hirobumi's coercion of Korea into becoming a protectorate of Japan and the forced dissolution of the Korean army, intense resistance erupted across the country, leading to a tense atmosphere. The photo depicts the route taken by Ito Hirobumi, with Japanese troops on full alert.

高度警戒態勢に入ったソウルの日本軍

1907年、韓国に日本の保護国となるよう迫る伊藤博文は、韓国軍の解散を強行し、各地で激しい抵抗を招いた。写真は伊藤博文の移行を受け、全面警戒態勢に入った日本軍。

首爾日軍高度警備

1907年，由於伊藤博文強迫韓國簽約成為日本的保護國，並強行解散韓國軍隊，激起各地激烈反抗，氣氛緊張。照片為伊藤博文經過之處，日軍實施全面警戒。

서울 시가지에 설치된 기관총

조선에서 항일 봉기가 일어났을 때, 서울에 주둔한 일본군이 주요 도로에 기관총을 설치하여 전면적 충돌로 이어졌다.

Machine guns set up on Seoul streets

During the Korean uprising against Japan, Japanese troops in Seoul set up machine guns on major roads, leading to full-scale conflict.

ソウルの街道に機関銃を架設

韓国発生抗日暴動、ソウルの日本軍は主要な道路に機関銃を架設、全面戦争の状態となった。

首爾街道架設機關槍

韓國發生抗日暴動，首爾日軍在主要道路架設機關槍，戰事全面爆發。

전국에서 일어난 항일 의병

곳곳에서 항일 의병이 일어남으로써, 궁궐 앞에 일본 군대가 긴급 동원되었다.

Armed anti-Japanese incidents across the country

Armed anti-Japanese incidents occurred across various regions, prompting emergency mobilization of Japanese troops in front of the palace.

武装抗日事件が各地で発生

各地で武装抗日事件が発生し、王宮前の日本軍は緊急配備を敷いた。

各地武裝抗日事件

各地發生武裝抗日事件，王宮前日軍緊急調動。

순종의 대관식을 수행하는 이완용

이토 히로부미는 고종 황제를 강제로 퇴위시켰다. 이어서 순종 황제가 이완용의 수행을 받아 즉위했고, 일본 군대가 이를 호위했다.

Lee Wan-yong accompanies Emperor Sunjong's coronation

Ito Hirobumi forced Emperor Gojong to abdicate, and Emperor Sunjong ascended the throne accompanied by pro-Japanese minister Lee Wan-yong, escorted by Japanese troops.

李完用に伴われ王位を継承した純宗

伊藤博文は高宗に退位を迫り、純宗に後を継がせた。親日派大臣の李完用は純宗とともに日本軍によって護送された。

李完用陪同純宗登基

伊藤博文逼迫高宗退位，由純宗繼位，親日大臣李完用陪同純宗由日軍護送。

봉기의 중심지 통영

통영은 항일 봉기의 주요 거점이었다.

Centre of the uprising at Tongyeong

Tongyeong in Korea served as an important stronghold for the anti-Japanese uprising.

武装蜂起の拠点・統営

抗日武装蜂起の重要な拠点・統営。

起義據點統營

韓國統營，抗日軍起義的重要據點。

일본 군대의 포대 배치

서울의 왜성대를 점거한 일본 포병대는 높은 곳에서 항일 의병 세력을 내려다보며 교전했다.

Deployment of heavy artillery by Japanese troops

Japanese troops stationed heavy artillery at Waejangtai in Seoul, overlooking and engaging anti-Japanese forces from high ground.

日本軍の重砲

ソウルの倭城台に配備された日本軍の重砲、日本軍への抵抗に備えた。

日軍部屬重砲

日軍在首爾倭城臺上佈署重砲，居高臨下對付抗日軍。

무력 통치와 문화 통치

Military and cultural pressure

武力と文化の圧迫

武力與文化的壓迫

경복궁의 일본 군대(P. 96-97)

1920년 일본 군대는 점령군의 막강한 위용을 과시하고자 경복궁 안에서 기념 촬영을 했다.

Japanese troops inside Gyeongbokgung Palace(P. 96-97)

In 1920, Japanese military forces proudly took commemorative photos inside Gyeongbokgung Palace, demonstrating the invincible might of the occupying army.

景福宮内の日本軍(P. 96-97)

1920年、強大な威厳と気勢を上げ、景福宮で記念写真を撮影する日本軍。

景福宮內的日軍(P. 96-97)

1920年，日本軍隊耀武揚威的在景福宮拍攝紀念寫真，展現佔領軍威武不可戰勝的氣勢。

조선 총독 데라우치 마사타케(P. 98-99)

1916년 일본의 식민 관료들과 함께 사진을 찍은 조선 총독 데라우치 마사타케.

Governor-General of Korea, Terauchi Masatake(P. 98-99)

In 1916, Governor-General of Korea, Terauchi Masatake, pictured with Japanese colonial officials.

朝鮮総督・寺内正毅(P. 98-99)

1916年、朝鮮総督・寺内正毅と日本植民当局の役人による集合写真。

朝鮮總督寺內正毅(P. 98-99)

1916年，朝鮮總督寺內正毅與日本殖民官員的合影。

메이지 천황의 죽음

1912년 메이지 천황이 사망했다. 그의 관은 모모야마의 황실 묘원으로 이송되었다. 그 뒤를 이은 다이쇼 천황은 일본의 군사적 팽창을 계속해 나갔다.

Death of Emperor Meiji

In 1912, Emperor Meiji of Japan passed away, and his coffin was transported to the Momoyama Imperial Mausoleum. Emperor Taishō ascended the throne, continuing Japan's policy of military expansion.

明治天皇崩御

1912年、明治天皇の崩御に際し、棺木を桃山に送り届けた。大正天皇が後を継ぎ、引き続き軍拡政策がとられた。

明治天皇過世

1912年，日本明治天皇過世，棺木送往桃山安葬。大正天皇繼位，持續軍事擴張政策。

메이지 천황의 장례 행렬(P. 102-103)

1912년 메이지 천황의 장례 행렬.

Funeral procession of Emperor Meiji(P. 102-103)

In 1912, the funeral procession of Emperor Meiji of Japan.

明治天皇の葬送(P. 102-103)

1912年、明治天皇の葬列。

明治天皇送葬(P. 102-103)

1912年，日本明治天皇的送葬隊伍。

1909년, 조선통감부

Japanese Resident-General of Korea in 1909

1909年、朝鮮総監府

1909年，朝鮮總監府

조선의 신사(P. 106-107)

1920년대 조선총독부는 조선에 신사를 세우고 조선인들에게 숭배를 강요함으로써, 그들의 고유한 신앙을 변질시켜 천황에 대한 충성심을 심으려 했다.

Joseon Shrine(P. 106-107)

In the 1920s, the Japanese Government-General built the Joseon Shrine and forced Koreans to worship, altering their original religious beliefs to instill loyalty to the Japanese Emperor.

朝鮮神宮(P. 106-107)

1920年代、日本総督府は朝鮮神宮を建立し、朝鮮人に参拝を強要した。朝鮮人の元々の宗教信仰を改めさせ、日本の天皇に忠義を尽くす思想を植え付けようとした。

朝鮮神宮(P. 106-107)

1920年代，日本總督府興建的朝鮮神宮，強迫朝鮮人參拜，改變其原本的宗教信仰，以灌輸朝鮮人忠於日本天皇的思想。

일본인 기업가들 모임

일본의 상업 활동을 위한 기업가들의 모임.

Japanese business gathering

A gathering of the Japanese business community.

日系企業の集会

日本人商業コミュニティの集会における集合写真。

日商集會

日本人商業社區的集會合影。

일본인 상인과 가족들

일본인 상인과 가족들의 단체 사진.

Japanese business associates

A group photo of Japanese business associates.

日系企業の家族

日本人商業コミュニティの家族らの集合写真。

日商眷屬

日本人商業社區眷屬合影。

생살여탈권을 장악한 일본 경찰(P. 112-113)

1911년 인천경찰서의 새해 기념사진. 일본 경찰은 총독부의 조선 통치의 근간으로, 조선인들을 강제로 복종시키기 위해 생살여탈권을 비롯한 잔인한 방법을 동원했다.

Japanese police wielding absolute power of life and death(P. 112-113)

A commemorative photo of the New Year Festival at the Incheon Police Station, 1911. The Japanese police were the backbone of the Government-General's rule over Korea, wielding immense power over life and death and employing brutal tactics to force Koreans into submission.

殺生与奪の大権を一手に握った日本の警察(P. 112-113)

1911年、仁川警察署における天長節の記念写真。日本の警察は総督府の朝鮮統治における基幹で、極めて大きな殺生与奪の大権を掌握し、残忍な手段を使って朝鮮人を屈服させた。

掌握生殺大權的日本警察(P. 112-113)

1911年，仁川警察署天長節紀念寫真，日本警察是總督府統治朝鮮的基本骨幹，擁有極大的生殺大權，使用殘忍的手段，逼迫朝鮮人屈服。

인천의 일본 경찰

1910년대 인천의 일본인 경찰과 소방관.

Incheon Japanese police

Japanese police and firefighters in Incheon in the 1910s.

仁川の日本警察

1910年代、仁川府の日本警察と消防隊。

仁川日警

1910年代，仁川府的日本警察和消防隊。

일본인 경찰 가족

1910년대 일본인 경찰 가족은 총독부로부터 좋은 주거환경을 제공받았다.

Japanese police families

In the 1910s, families of Japanese police officers, provided with good living conditions by the Government-General, often had their own detached houses.

日本警察の家族

1910年代、日本警察の家族に対し、総督府は一戸建ての住宅をあてがうなど良好な生活条件を提供した。

日警眷屬

1910年代，日本警察的眷屬，總督府提供他們良好的生活條件，通常都有獨門獨院的居所。

김포의 일본 경찰

1910년대 서울 근교 김포의 일본 경찰서 단체 사진. 그곳에서는 지하 항일운동이 활발했는데, 이는 일본이 경찰력을 대폭 늘리는 이유가 되었다.

Gimpo Japanese police

In the 1910s, a group photo of police officers at Gimpo Japanese Police Station, near Seoul, where underground anti-Japanese activities were rife, prompting the Government-General to deploy large numbers of police forces.

金浦の日本警察

1910年代、金浦の日本警察署での集合写真。ソウル地区に近い金浦では地下抗日活動が頻発し、総督府も警備に力を入れた。

金浦日警

1910年代，金浦日本警察署警察合影，靠近首爾地區，地下抗日活動頻繁，總督府部屬大批警力。

일본의 재외국민을 보호하는 일본 경찰

1910년대 일본 경찰은 서울에 거주하는 재외국민을 보호했다.

Japanese police protecting Japanese expatriates

In the 1910s, Japanese police protecting Japanese expatriates in Seoul.

日本人居住者を保護する日本の警察

1910年代、ソウル在住の日本人居住者を保護する日本の警察。

日警保護日僑

1910年代，日本警察保護首爾的日本僑民。

서울 시가지

1930년대 서울의 거리에는 일본의 식민주의가 많이 주입됐다.

Streets of Seoul

In the 1930s, the streets of Seoul, infused with many aspects of Japanese colonialism.

ソウル市街

1930年代、日本植民地の色彩が増えたソウルの市街。

首爾市街

1930年代，首爾的市街，注入許多日本殖民的色彩。

만주에서 귀환한 조선 주둔 일본군(P. 120-121)

1932년 조선에 주둔하던 일본 군대는 만주사변을 지원하는 군사 작전을 완수한 뒤 서울로 귀환하며 성대하게 승전 행진을 펼쳤다.

Return of Japanese Army from Manchuria(P. 120-121)

In 1932, Japanese troops stationed in Korea completed military operations supporting the Manchurian Incident and held a grand victory parade on returning to Seoul.

満洲から帰還した日本軍(P. 120-121)

1932年、満州事変の軍事行動への支援を終えて帰還した駐朝鮮日本軍部隊。ソウルに帰還し盛大な凱旋式典を挙行した。

日本軍滿州歸來(P. 120-121)

1932年，駐朝鮮日軍部隊完成支援滿州事變軍事行動，返回首爾，舉行盛大的凱旋式。

일본군의 개선식(P. 122-123)

1932년 조선총독부는 만주사변을 지원하는 군사 작전을 마치고 서울로 귀환한 일본 군대를 위해 성대한 승전 경축 행사를 열었다.

Japanese Army Victory Parade(P. 122-123)

The Government-General held a grand celebration ceremony for Japanese troops returning to Seoul after military operations supporting the Manchurian Incident, 1932.

日本軍の凱旋式(P. 122-123)

1932年、満州事変の軍事行動への支援を終えて帰還した駐朝鮮日本軍部隊。ソウルに帰還し盛大な凱旋式典を挙行した。

日軍凱旋式(P. 122-123)

1932年，駐朝鮮日軍部隊完成支援滿州事變軍事行動，返回首

일본의 군사력 과시

1930년대 일본군이 서울에서 군사훈련을 실시하며 시민들에게 자신들의 힘을 과시하고 있다.

Display of Japanese military might

The Japanese military conducting military exercises in Seoul to showcase their power to the citizens, 1930s.

武力を顕示する日本軍

1930年代、ソウル市で軍事演習を展開し、ソウル市民に軍の威光を顕示する日本軍。

日軍展示武力

1930年代，日軍在首爾市舉行軍事演練，向市民們展現軍威。

서울의 일본 군대

1930년대 서울 인근에 주둔한 일본 군인들.

Japanese troops in Seoul

In the 1930s, Japanese soldiers staoned near Seoul.

ソウルの日本軍

1930年代、ソウル付近に駐屯した日本軍の兵士。

首爾日軍

1930年代，駐守首爾附近的日軍士兵。

총독부의 조선인 강제징집(P. 127)

1941년 일본은 조선인들을 제국주의 일본 육군에 강제로 징집하여 일본의 군사적 팽창을 위해 훈련시켰다. 이 시기에 일본은 이미 중국에서 전쟁을 벌였는데, 전쟁이 장기화하면서 상황은 점점 일본에 불리하게 돌아갔다.

Forced conscription of Koreans by the Government-General(P. 127)

In 1941, Japanese troops forcibly conscripted Koreans into the Imperial Japanese Army, training them to serve Japan's military expansion. During this period, Japan had already initiated the war in China, and as the conflict prolonged, it gradually turned unfavorable for Japan.

朝鮮人に兵役を強制した総督府(P. 127)

1941年、日本軍は朝鮮人を日本兵として徴用し、日本帝国の軍拡政策に従事させた。この時期、日本は中国への侵略戦争をすでに発動しており、戦況が長期化したことで戦局は次第に日本軍不利へと傾きつつあった。

總督府強征朝鮮人當兵 (P. 127)

1941年，日軍強征朝鮮人當日本兵，訓練他們為日本帝國軍事擴張服務。此一時期，日本已經發動了對華戰爭，戰事拖長，逐漸不利於日本。

제국주의 일본 육군에서 강제 복무하는 조선인들

1941년 일본은 제국주의 일본 육군에서 복무하도록 조선인들을 훈련시키며 일본의 전투기술을 가르쳤다.

Koreans forced to serve in the Imperial Japanese Army

In 1941, Japanese troops trained Koreans to serve in the Imperial Japanese Army, teaching them Japanese combat skills.

日本兵に徴用された 朝鮮人

1941年、日本軍は朝鮮人を日本兵として徴用し、日本の戦闘技術を訓練した。

朝鮮人被迫當日本兵

1941年，日軍訓練朝鮮人當日本兵，訓練他們使用日本的戰鬥技巧。

일본 경찰 부인들의 군사훈련

1930년대 조선 국경지대에 주둔한 일본 경찰의 부인들도 사격훈련을 받았으며, 유사시에는 전투에 참여하도록 준비했다.

Military training for Japanese police wives

In the 1930s, wives of Japanese police officers stationed on the Korean border were also trained in shooting, and were prepared to participate in combat when necessary.

日本人警察官の妻に対する軍事訓練

1930年代、朝鮮辺境地域に駐在した日本人警察官の妻に対して射撃訓練を施し、必要なときには戦闘への参加も求めた。

日警妻子軍事訓練

1930年代，駐守在朝鮮邊境日本警官們的妻子，也接受射擊訓練，必要時參與戰鬥。

손기정, 베를린올림픽 마라톤 우승자: 조선인들 애국심의 상징이자 영원한 스포츠 전설

1936년, 일제 치하의 조선인 운동선수 손기정이 베를린올림픽 마라톤에서 우승했다. 손기정은 일본식 이름으로 서명하기를 거부함으로써 조선인들의 애국심을 뚜렷이 보여줬다. 시상식에서는 일본 국가가 연주되자 일부러 고개를 깊이 숙였고, 주최 측에서 수여한 월계관으로 가슴팍의 일장기를 가렸다. 손기정은 일본 정부로부터 징계를 받은 대신 세계적 스포츠 인사들로부터는 존경을 받았다. 그는 단지 조선 애국심의 상징일 뿐 아니라 스포츠계의 영원한 전설이기도 하다.

이 세 장의 사진은 1936년 독일 정부가 발행한 올림픽 기념 사진첩에 수록된 것이다. 독일이 공식적으로 발행한 그 사진첩에서 손기정은 단독사진이 실린 유일한 아시아 선수다.

Sohn Kee-chung, marathon champion of the Berlin Olympics: A symbol of Korean patriotism and an eternal sports legend

In 1936, at the Berlin Olympics, Sohn Kee-chung, a Korean athlete under the Japanese Empire, won the marathon. Sohn exemplified Korean patriotism by refusing to sign using a Japanese name. During the award ceremony, he deliberately lowered his head when the Japanese national anthem was played and used the laurel wreath presented by the organizers to cover the Japanese flag on his chest. Despite facing punishment from Japanese authorities, Sohn earned respect from international sports figures. He not only became a symbol of Korean patriotism but also an everlasting legend in the world of sports.

These three photos are from the Olympic commemorative album published by the German government in 1936. In the official German album, Sohn is the only Asian athlete with individual photos.

ベルリン・オリンピック大会のマラソン種目で優勝した孫基禎：韓国の愛国主義のシンボルであるとともに、世界のスポーツ界のレジェンドとして知られる。

1936年のベルリン・オリンピック大会において、大日本帝國の朝鮮籍の選手・孫基禎がマラソン種目で優勝した。孫基禎は韓国に対する愛国精神に則り、サインの時には日本の姓を書くことを拒み、授賞式で日本の国家が演奏された時も、敢えて頭を下げ、大会で贈られた月桂樹で胸元の日章旗を隠した。孫基禎は日本の当局から処罰された。しかし、孫の行為は世界のスポーツ関係者から尊敬を集め、韓国の愛国主義のシンボルとなったのみならず、世界のスポーツ界のレジェンドとして語り継がれることとなった。

この三枚の写真は、1936年にドイツ政府が出版したオリンピック大会記念写真集に収められたものだ。ドイツの公式写真集のなかで、孫基禎はアジア人選手として、唯一ポートレートが収められた。

1936年，柏林奧運，日本帝國朝鮮籍選手孫基禎，奪得馬拉松長跑冠軍。孫基禎表現了韓國愛國精神，簽名時拒絕用日本名字，頒獎典禮上奏日本國歌時，刻意低下頭，並用大會贈送的月桂樹擋住衣服胸口的日本國旗。孫基禎遭到日本當局的懲罰，卻贏得國際體壇人士的敬重，不僅成為韓國愛國主義的象徵，也成為世界體壇的永遠傳奇。

這三張照片取自1936年德國政府出版的奧林匹克紀念畫冊，再給我官方的畫冊中，孫基禎是唯一擁有個人照片的亞洲選手。

임신한 조선인 "위안부"

1944년 9월의 윈난 전투에서 일본군은 심각한 타격을 입었다. 예상치 않게, 중국군은 일본군이 세운 "위안소"들을 발견했다. 이는 조선, 중국, 대만에서 납치되거나 끌려온 여성들이 각지에 주둔 중인 일본 병사들에게 성 착취를 당한 장소였다. 이 사진은 일본군에서 해방된 조선인 "위안부"들의 모습인데, 한 명은 임신 상태다. 이들의 괴로운 표정은 일본군의 손아귀에서 겪어야 했던 가혹한 처우를 드러내고 있다.

A pregnant Korean "Comfort Woman"

In September 1944, during the Battle of Yunnan, the Japanese military suffered a devastating blow. Chinese troops unexpectedly discovered "comfort stations" established by the Japanese military, where women from Korea, China, and Taiwan, either abducted or coerced, were sent to provide sexual services to Japanese soldiers stationed in various locations. The photo depicts Korean "comfort women" liberated from the Japanese military, one of whom is pregnant. Their pained expressions reflect the harsh treatment they endured at the hands of the Japanese military.

妊娠した朝鮮人「慰安婦」

1944年9月、滇西戦役(滇西緬北の戦い)において、日本軍は壊滅的な打撃を受けた。中国軍は、日本軍が設けた「慰安所」を発見した。そこでは、朝鮮、中国大陸、台湾の各地でさまざまな方法で集められ女性が日本軍を相手に性的サービスの提供していた。写真は日本軍から解放された朝鮮半島出身の「慰安婦」で、そのうちの一人は妊娠させられていた。彼女たちの苦痛に満ちた表情からも、日本軍の冷酷さ仕打ちを知ることができる。

懷孕的朝鮮「慰安婦」

1944年9月，滇西戰役中，日軍遭到全部殲滅的打擊。中國軍隊意外發現日軍附設的「慰安所」，將由朝鮮、中國、台灣各地拐騙或強押來的婦女，送到各駐地日軍，提供日軍性服務。照片為從日軍手中解放出來的朝鮮「慰安婦」，其中一名懷有身孕。他們痛苦的神色反映出遭受日軍冷酷折磨的人生。

대한민국 임시정부

The provisional government of Korea

大韓民国臨時政府

韓民國臨時政府

자유한인대회(P. 140-141)

1943년 자유한인대회에서 임시정부 제6대 총리 홍진은 연설 중 "대한민국 독립 만세"라고 구호를 외쳤다.

Free Korea Congress(P. 140-141)

In 1943, at the Free Korea Congress , Hong Jin delivered a speech as the sixth Prime Minister of the Provisional Government, shouting the slogan "Long live the Independence of the Republic of Korea."

自由韓人大会(P. 140-141)

1943年、自由韓人大会で臨時政府第六代国務領・洪震があいさつし、「大韓民国独立万歳」のスローガンを叫んだ。

自由韓人大會(P. 140-141)

1943年，自由韓人大會，由臨時政府第六代國務領洪震致詞，高呼「大韓民國獨立萬歲」口號。

**1939년 조선의용대는 일본군에 강제
징집되어 전장으로 끌려갔던 동료들의 귀환을
환영하며 기념 촬영을 했다.**

In 1939, the Korean volunteer Corps
welcomed the return of their comrades
who had been forcibly conscripted and
taken to the battle field.

1939年、朝鮮義勇隊が同志の帰還を歓迎し
て撮影した集合写真。

**1939年，朝鮮義勇隊歡迎日本被迫作戰同志
來歸紀念合影。**

和日本被迫作戰同

1940년대 김원봉 대장이 이끌던 조선의용대의 집회(P. 144-145)

In the 1940s, a gathering of the Korean Volunteer Corps, chaired by Kim Won-bong(P. 144-145)

1940年代、金元鳳が主催した朝鮮義勇隊大会(P. 144-145)

1940年代，朝鮮義勇隊大會，由金元鳳主持(P. 144-145)

1940년 10월 10일, 김원봉의 축사와 함께 조선의용대 창설 2주년 기념식이 개최되었다.(P. 146-147)

On 10 October 1940, a commemorative ceremony was held for the second anniversary of the Korean Volunteer Corps, with a speech by Kim Won-bong.(P. 146-147)

1940年10月10日、朝鮮義勇隊成立二周年記念大会、あいさつする金元鳳。(P. 146-147)

1940年10月10日，朝鮮義勇隊成立兩周年紀念大會，由金元鳳致詞。(P. 146-147)

1940년 9월, 김구 주석과 지청천 사령관이 내건 "조국의 광복"이란 기치와 함께 한국광복군이 창설되었다.(P. 148-149)

In September 1940, the Korean Liberation Army was established, with President Kim Gu and Commander Ji Cheong-cheon raising the banner of "Liberate the Fatherland."(P. 148-149)

1940年9月、韓国光復軍が成立、金九主席と光復軍司令・池青天が「光復祖国」の旗を掲げた。(P. 148-149)

1940年9月，韓國光復軍成立，由金九主席和光復軍司令池青天高舉「光復祖國」的錦旗。(P. 148-149)

1940년 9월, 지청천의 축사와 함께 한국광복군 창설식이 열렸다.(P. 150-151)

In September 1940, the inauguration ceremony of the Korean Liberation Army was held, with a speech by Ji Cheong-cheon.(P. 150-151)

1940年9月、韓国光復軍成立式典、あいさつする池青天。(P. 150-151)

1940年9月，韓國光復軍成立典禮，由池青天致詞。(P. 150-151)

韓國光復軍總司令部
THE HEADQUARTERS OF KOREAN INDEPENDENCE ARMY

159

1940년 9월, 한국광복군 창설식에서 연설하는 김구 주석, 사진 왼쪽은 김학규(P. 154-155)

In September 1940, at the inauguration ceremony of the Korean Liberation Army, President Kim Gu delivered a speech, with Kim Hak-gyu on the left(P. 154-155)

1940年9月、韓国光復軍成立式典、あいさつする金九主席、左側が金学奎(P. 154-155)

1940年9月，韓國光復軍成立典禮，由金九主席致詞，左側為金学奎(P. 154-155)

1940년 9월, 한국광복군 창설식에 참석한 장교와 장병 대표들(P. 156-157)

In September 1940, representatives of officers and soldiers attended the inauguration of the Korean Liberation Army(P. 156-157)

1940年9月、韓国光復軍が成立、一堂に会する光復軍代表(P. 156-157)

1940年9月，韓國光復軍成立，光復軍官兵代表與會(P. 156-157)

1940년 9월, 한국광복군 창설식에 참석한 김구, 그의 오른쪽은 엄항섭, 왼쪽은 조소앙(P. 158-159)

In September 1940, at the inauguration of the Korean Liberation Army, Kim Gu stood in the front, with Om Hang-sop on his right and Jo So-ang on his left(P. 158-159)

1940年9月、韓国光復軍が成立、前方に立っているのが金九、その右は厳恆燮、左は趙素昂(P. 158-159)

1940年9月，韓國光復軍成立，前方站立者為金九，其右為嚴恆燮，左為趙素昂(P. 158-159)

1940년 9월, 한국광복군 창설식에 참석한 조소앙(P. 160-161)

In September 1940, Jo So-ang stood at the inauguration of the Korean Liberation Army(P. 160-161)

1940年9月、韓国光復軍が成立、立っている者は趙素昂(P. 160-161)

1940年9月，韓國光復軍成立，站立者為趙素昂(P. 160-161)

1940년 9월, 충칭의 가릉빈관에 본부를 둔 한국광복군이 창설되었다.

In September 1940, the Korean Liberation Army was established with headquarters at the Jialing Hotel in Chongqing.

1940年9月、韓国光復軍が成立、総司令部は重慶嘉陵賓館に設置された。

1940年9月，韓國光復軍成立，總司令部設在重慶嘉陵賓館。

1940년 9월, 한국광복군 총사령식에 참석한 군부의 핵심 인물들. 서 있는 사람 왼쪽에 앉은 이가 지청천, 그 왼쪽이 김원봉(P. 166-167)

In September 1940, at the inauguration ceremony of the Korean Liberation Army, key members of the army attended, with Ji Cheong-cheon on the left in the photo and Kim Won-bong to his left(P. 166-167)

1940年9月、韓国光復軍成立式典、光復軍の要人が出席した。写真中央に立っている者の左側が池青天、その左が金元鳳(P. 166-167)

1940年9月、韓國光復軍成立典禮、光復軍要員出席、照片中站立者的左側為池青天、更左為金元鳳(P. 166-167)

1940년대 대한민국 임시정부의 관료들. 왼쪽은 조소앙, 오른쪽은 이범석(P. 168-169)

In the 1940s, officials of the Provisional Government of the Republic of Korea, with Jo So-ang on the left and Lee Beom-seok on the right(P. 168-169)

1940年代、大韓民国政府の要人。左が趙素昂、右が李範奭(P. 168-169)

1940年代、大韓民國臨時政府要員、左為趙素昂、右為李範奭(P. 168-169)

1941년 3월 1일, 대한민국 임시정부 인사들.
왼쪽부터 김구, 조소앙, 신익희, 김원봉

On 1 March 1941, members of the
Provisional Government of the Republic
of Korea, from left to right: Kim Gu, Jo So-
ang, Sin Ik-hui, Kim Won-bong

1941年3月1日、大韓民国臨時政府の要員、左
から右に: 金九、趙素昻、申翼熙、金元鳳

1941年3月1號、大韓民國臨時政府要員、由左
至右: 金九、趙素昻、申翼熙、金元鳳

1941년 3월 1일, 대한민국 임시정부 인사들. 왼쪽부터 김구, 조소앙, 신익희, 김원봉

On 1 March 1941, members of the Provisional Government of the Republic of Korea, from left to right: Kim Gu, Jo So-ang, Sin Ik-hui, Kim Won-bong

1941年3月1日、大韓民国臨時政府の要員、左から右に：金九、趙素昂、申翼熙、金元鳳

1941年3月1號、大韓民國臨時政府要員，由左至右：金九、趙素昂、申翼熙、金元鳳

1940년대 한국광복군 사령관 지청천(중앙)과 충칭 임시정부 관료들(P. 174-175)

In the 1940s, Commander Ji Cheong-cheon of the Korean Liberation Army (center) took a photo with officials of the Chongqing government(P. 174-175)

1940年代、韓国光復軍司令・池青天(中)と重慶政府の人員による記念写真(P. 174-175)

1940年代，韓國光復軍司令池青天(中)與重慶政府人員合影(P. 174-175)

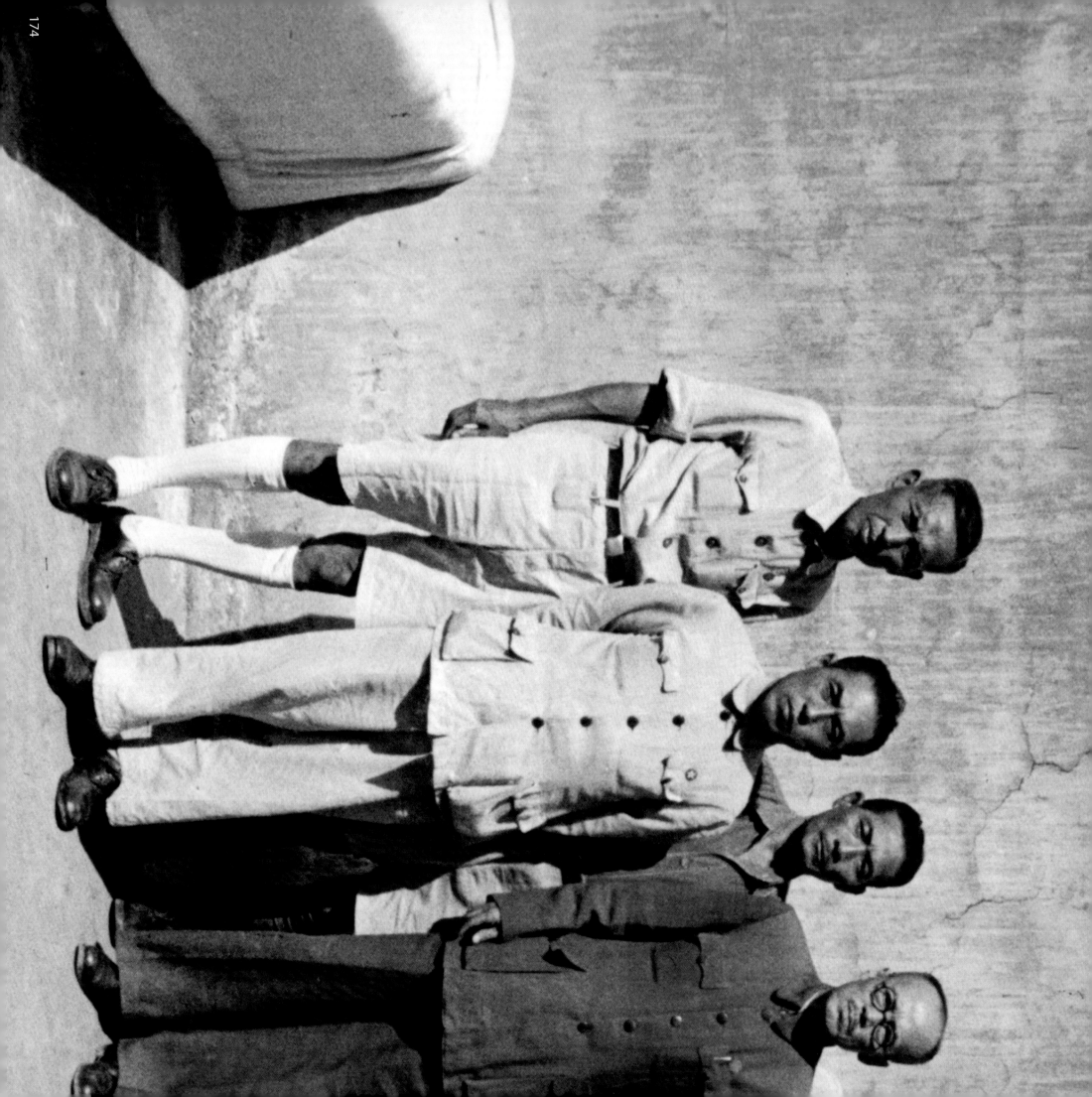

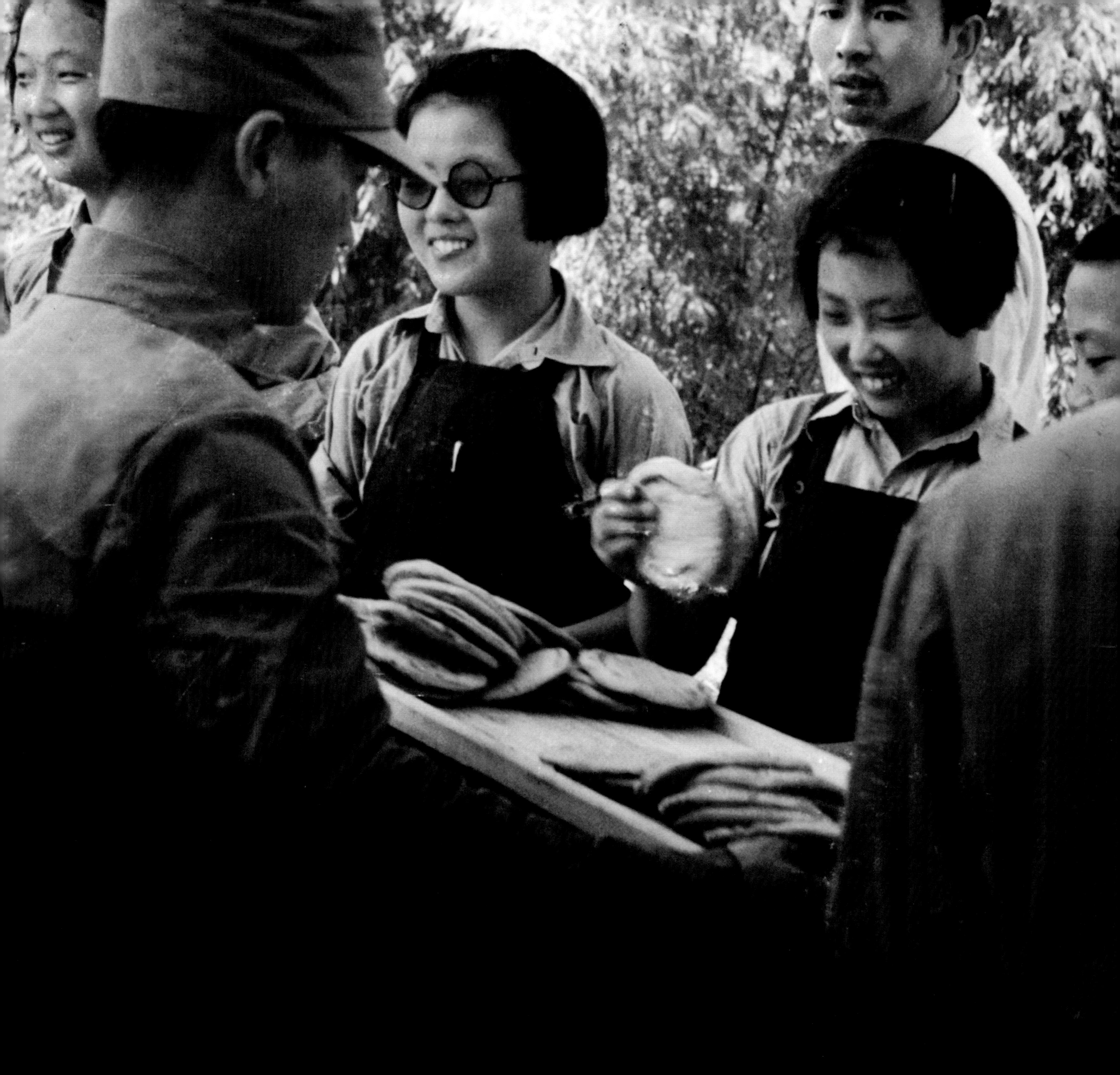

1940년, 손님들에게 다과를 제공하는 한국광복군 여성 요원들

Female staff members of the Korean Liberation Army provide refreshments to guests, 1940

1940年、来賓をもてなす韓国光復軍の女性スタッフ

1940年，韓國光復軍女工作人員向來賓提供點心

1940년, 외빈 앞에서 위용 있게 군복을 차려입은 한국광복군 전사들(p. 178-179)

Soldiers of the Korean Liberation Army in grand military attire before foreign guests, 1940(p. 178-179)

1940年、来賓の前に姿を見せた韓国光復軍兵(p. 178-179)

1940年，韓國光復軍兵向外賓展現盛大軍容(p. 178-179)

1947년 4월, 중국에 방문해 난징역에 도착한 한국 독립운동 지도자 이승만 박사. 가장 오른쪽은 민필호, 오른쪽에서 두 번째는 박찬익(p. 180-181)

In April 1947, Dr. Syngman Rhee, leader of the Korean independence movement, visited China and arrived at Nanjing Station, with Min Pil-ho on the far right and Park Chan-ik on the second right(p. 180-181)

1947年4月、韓国独立運動のリーダー・李承晩博士が訪中、南京駅に到着した。右一人目が 閔弼鎬、右二人目が 朴賛翊(p. 180-181)

1947年4月，韓國獨立運動領袖李承晚博士訪問中國，抵達南京車站，右一為閔弼鎬，右二為朴賛翊(p. 180-181)

1947년 4월, 중국을 방문한 이승만 박사, 왼쪽에 서 있는 국민당 참모총장 천청

Chen Cheng, military chief of the Nationalist Government, stands on the left of Dr. Syngman Rhee during his visit to China, April 1947

1947年4月、李承晩博士が訪中、左側は国民政府軍事首長の陳誠

1947年4月，李承晩博士訪問中國，左側為國民政府軍事首長陳誠

1947년 4월에 중국을 방문하는 동안, 이승만 박사는 대한민국 정부를 장기 후원한 국민당 정부의 핵심 인물 우톄청과 만났다.

In April 1947, during Dr. Syngman Rhee's visit to China, he met with Mr. Wu Tiecheng, a key figure in the long-term support of the Government of the Republic of Korea.

1947年4月、李承晩博士が訪中、南京において国民政府の要人・呉鉄城と面会。呉鉄城は長期にわたって大韓民国政府への支援業務を担った。

1947年4月，李承晩博士訪問中國，在南京與國民政府要員吳鐵城先生會面，吳鐵城長期負責支援大韓民國政府的工作。

1947년 4월에 중국을 방문하는 동안, 이승만 박사는 중국의 군사·정치 지도자들과 만났다.

In April 1947, during Dr. Syngman Rhee's visit to China, he met with Chinese military and political leaders.

1947年4月、訪中し中国首脳との会議に臨む李承晩博士。

1947年4月，李承晚博士訪問中國，與中國軍政領袖進行會議。

1945년 9월, 대한민국 임시정부 국무위원회 주석 김구

In September 1945, Kim Gu, Chairman of the State
Council of the Provisional Government of the
Republic of Korea

1945年9月、大韓民国臨時政府国務委員会主席 金九

1945年9月，大韓民國臨時政府國務委員會主席 金九

**1945년 9월, 대한민국 임시정부
국무위원 박찬익**

In September 1945, Park Chan-
ik, State Councilor of the
Provisional Government of the
Republic of Korea

1945年9月、大韓民国臨時政府国
務委員 朴贊翊

1945年9月，大韓民國臨時政府國
務委員 朴贊翊

1945년 9월, 대한민국 임시정부 국무위원 유림

In September 1945, Yu Rim, State Councilor of the Provisional Government of the Republic of Korea

1945年9月、大韓民国臨時政府国務委員 柳林

1945年9月，大韓民國臨時政府國務委員 柳林

**1945년 9월, 대한민국 임시정부
국무위원 조완구**

In September 1945, Cho Wan-gu, State Councilor of the
Provisional Government of the
Republic of Korea

1945年9月、大韓民国臨時政府国
務委員 趙琬九

1945年9月，大韓民國臨時政府國
務委員 趙琬九

1945년 9월, 대한민국 임시정부 국무위원 최동오

In September 1945, Choi Dong-oh, State Councilor of the Provisional Government of the Republic of Korea

1945年9月、大韓民国臨時政府国務委員 崔東旿

1945年9月，大韓民國臨時政府國務委員 崔東旿

**1945년 9월, 대한민국 임시정부
국무위원 김상덕**

In September 1945, Kim Sang-
deok , State Councilor of the
Provisional Government of the
Republic of Korea

1945年9月、大韓民国臨時政府国
務委員 金尚徳

1945年9月，大韓民國臨時政府國
務委員 金尚德

**1945년 9월, 대한민국 임시정부
군무부장 유동열**

In September 1945, Ryu Dong-
ryeol , Minister of Military Affairs
of the Provisional Government
of the Republic of Korea

1945年9月、大韓民国臨時政府軍
務部長 柳東烈

1945年9月，大韓民國臨時政府軍
務部長 柳東烈

1945년 9월, 대한민국 임시정부 군사위원 황학수

In September 1945, Hwang Hak-su, Military Committee Member of the Provisional Government of the Republic of Korea

1945年9月、大韓民国臨時政府軍事委員 黄学秀

1945年9月，大韓民國臨時政府軍事委員 黃學秀

1945년 9월, 대한민국 임시정부 재무총장 이시영

In September 1945, Yi Si-yeong, Finance Minister of the Provisional Government of the Republic of Korea

1945年9月、大韓民国臨時政府財務総長 李始栄

1945年9月，大韓民國臨時政府財務總長 李始榮

1947년 4월, 난징의 쑨원 묘소를 방문한 이승만 박사

In April 1947, Dr. Syngman Rhee, leader of the Korean independence movement, visited the Sun Yat-sen Mausoleum in Nanjing

1947年4月、南京の中山陵を参観する韓国独立運動の指導者・李承晩博士

1947年4月，韓國獨立運動領袖李承晩博士參觀南京中山陵

쉬충마오(徐宗懋, Hsu Chung Mao)

이 책을 엮은 쉬충마오는 20년 동안 기자로 활동했습니다. 그는 이라크-팔레스타인 분쟁, 미국의 리비아 폭격, 엘살바도르와 니카라과 내전을 최전선에서 취재했습니다. 현재는 Nueva Vision Co, Ltd(新世語文化有限公司)의 대표이며, 타이완의 쉬충마오스튜디오(徐宗懋圖文館, Hsu Chung Mao Studio)와 중국의 진풍스튜디오(秦風老照片館, Qin Feng Studio) 이름으로 작품을 출판하고 있습니다.

최근 몇 년간 그는 시민 교육과 문화 탐구를 장려하고, 오래된 사진을 최근 역사에 직접 접할 수 있는 중요한 자료로 홍보하기 위해 최근 세계사를 담은 이미지를 수집해 왔습니다.

당신이 보지 못한 희귀 사진
1 한양 그리고 도시
2 전통과 사람들
3 망국과 광복

일러두기
- 이 책에 실린 사진 설명과 색 복원 작업은 쉬충마오 스튜디오에서 진행했습니다.
- 정확한 설명과 복원을 위해 많은 자료를 비교하고 검토했으나, 일부 오류가 있을 수 있습니다.
  추후 바로잡을 예정입니다.

당신이 보지 못한 희귀 사진 3

망국과 광복

초판 1쇄 발행 2024년 7월 5일

엮은이	쉬충마오스튜디오
펴낸이	이영선
편집	이일규 김선정 김문정 김종훈 이민재 이현정
디자인	김회량 위수연
독자본부	김일신 손미경 정혜영 김연수 김민수 박정래 김인환

펴낸곳 서해문집 | 출판등록 1989년 3월 16일(제406-2005-000047호)
주소 경기도 파주시 광인사길 217(파주출판도시)
전화 (031)955-7470 | 팩스 (031)955-7469
홈페이지 www.booksea.co.kr | 이메일 shmj21@hanmail.net

ISBN 979-11-92988-66-5 04910
ISBN 979-11-92988-63-4 (전3권)

Destruction and Liberation

Produced by | Hsu Chung Mao Studio

Published by | NUEVA VISION CO., LTD

Chinese | Hsu Chung Mao

Korean | Byeong-Gug Woo

Japanese | Honda Yoshihiro

Art Director | Cali Jiang

Digital color restoration | Hsu Tan Yu、Zhi Syuan Lin、Amy Lee、Cali Jiang、Jiang,Qi-Sheng

Address | 5F-2, No. 125, Sec. 3, Roosevelt Rd., Da'an Dist., Taipei City 106609, Taiwan (R.O.C.)

Landline | (02)2368-4364

Fax | (02)2368-4207

Email | shu4364@ms62.hinet.net

Published in | June, 2024

ISBN | 979-11-92988-66-5 04910

ISBN | 979-11-92988-63-4 (Three Volumes)

Printing House | SHANGHAI PRINTING WORKS CO., LTD.

No. 71, Danuan Rd., Tucheng Dist., New Taipei City 236041, Taiwan (R.O.C.)

Landline | (02)2269-7921

Fax | (02)2269-7924